poptails,
cócteles helados, polos, granizados, sorbetes y cubitos de hielo CON ALCOHOL

poptails, y

cócteles helados, polos, granizados, sorbetes y cubitos de hielo CON ALCOHOL

BLUME

LAURA FYFE

BLUME

Título original *Poptails*
Edición Sarah Ford, Nicole Foster
Diseño Eoghan O'Brien, Clare Barber
Fotografía Lis Parsons
Estilismo Laura Fyfe
Traducción Remedios Diéguez Diéguez
Revisión de la edición en lengua española
Ana María Pérez Martínez
Especialista en temas culinarios
Coordinación de la edición en lengua española
Cristina Rodríguez Fischer

Primera edición en lengua española 2013

© 2013 Naturart, S.A. Editado por BLUME
Av. Mare de Déu de Lorda, 20
08034 Barcelona
Tel. 93 205 40 00 Fax 93 205 14 41
e-mail: info@blume.net
© 2013 Octopus Publishing Group, Londres

I.S.B.N.: 978-84-15317-24-1

Impreso en China

www.blume.net

Preservamos el medio ambiente. En la producción de nuestros libros
procuramos, con el máximo empeño, cumplir con los requisitos
medioambientales que promueven la conservación y el uso responsable
de los bosques, en especial de los bosques primarios. Asimismo, en nuestra
preocupación por el planeta, intentamos emplear al máximo materiales
reciclados y solicitamos a nuestros proveedores que usen materiales de
manufactura cuya fabricación este libre de cloro elemental (ECF)
o de metales pesados, entre otros.

Contenido

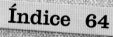

Introducción

Bienvenido al mundo un tanto achispado de los *poptails*.
Tanto si desconoce el arte de elaborar polos con alcohol
como si ya domina los cócteles congelados, este libro
será una fuente de inspiración que le brindará muy
buenos momentos. Estas pequeñas delicias congeladas
suponen el postre perfecto después de una barbacoa
al aire libre, un momento para refrescarse y relajarse.
Además, son versátiles y puede convertirlas en un sorbete
más elegante, o incluso en un granizado si es lo que le
apetece. Ofrecen toda la frescura de un helado, pero con
un toque para adultos (¡asegúrese de que los niños no tengan
acceso a ellos!).

Moldes y variaciones

Todas las recetas se basan en moldes de unos 100 ml. Si no
encuentra ese tamaño exacto, no se preocupe: puede utilizar
moldes más grandes y no llenarlos del todo o más pequeños
y preparar más. Lo que sí debe tener en cuenta siempre es que
al llenar los moldes tiene que dejar un poco de espacio para
que los *poptails* se dilaten cuando se congelen. Para retirar los
poptails de los moldes, póngalos bajo un chorro de agua caliente
y extráigalos por los palos. ¡Dé rienda suelta a su creatividad! No hay
reglas inquebrantables; puede utilizar prácticamente cualquier recipiente
apto para el congelador. ¿Por qué no unas tazas de plástico? También
puede congelar la receta de Granada, vainilla y vodka (*véanse* págs. 28-29)
en una cubitera y añadir unos cubitos a un vaso de agua con gas
para disfrutar de un aperitivo. Para los sorbetes, siga las instrucciones
de las recetas, pero en lugar de utilizar moldes para polos, vierta
la preparación en un recipiente apto para el congelador y del tamaño
adecuado, y tápelo. «Rompa» el hielo cada dos horas con un tenedor
(*véase* Sorbete de ponche, pág. 40, para hacerse una idea de la textura
que se intenta conseguir). Otra opción son los granizados. Congélelos
durante unas cuatro horas, removiendo cada hora. Transcurrido
ese tiempo, sírvalos en copas muy frías.

Ingredientes

Huelga decir que la calidad de los ingredientes es fundamental para disfrutar de unos *poptails* deliciosos. Para los que llevan frutas como base, utilice los productos más frescos que pueda encontrar. Cuando tenga que añadir zumo de limón, que sea de limón natural, no embotellado. Los licores caseros son preferibles a los comerciales, y cuando se trata de helados, es mejor usar huevos de corral y leche y nata orgánicas siempre que sea posible.

Almíbares

En todas las recetas se utiliza azúcar de lustre. El tiempo para preparar el almíbar se indica en cada receta, pero no es inalterable porque existen muchas variables: principalmente, el tamaño del cazo y el calor. El objetivo consiste en conseguir que el almíbar llegue al punto de «hebra corta», lo que significa que si toma un poco de almíbar entre el índice y el pulgar (con cuidado de no quemarse), y levanta el índice, se formará una hebra. Como alternativa, si utiliza un termómetro para caramelo debería alcanzar una temperatura de 110 °C.

Otros aspectos que debe tener en cuenta cuando prepare un almíbar son evitar que el azúcar se pegue a las paredes del cazo y que no llegue a ebullición antes de que el azúcar se haya disuelto. Cualquiera de esos dos casos hará que el azúcar se cristalice. Si se pega azúcar a las paredes del cazo, utilice un pincel de repostería húmedo para retirarlo. Para disolver el azúcar, caliéntelo a temperatura muy baja (puede removerlo con cuidado). Cuando se haya disuelto, llévelo a ebullición más o menos rápido, aunque en estas recetas los tiempos de cocción se basan en conseguir el almíbar a muy baja temperatura. De lo contrario, existe el riesgo de obtener un almíbar viscoso que no se mezclará tan bien con el resto de ingredientes.

Para aproximadamente 750 ml
Tiempo de preparación: 15 minutos
+ 30 minutos de reposo
+ 1 h para enfriarse
+ unos 20 minutos para batir
Tiempo de congelación: 3-5 horas

....

Ingredientes

250 ml de leche
250 ml de crema de leche espesa
1 vaina de vainilla, cortada
5 yemas de huevo
50 g de azúcar de lustre

Base de helado de vainilla

Ponga la leche, la crema y la vainilla en un cazo pequeño. Lleve a ebullición a fuego lento. Retire del fuego y deje reposar 30 minutos.

Retire la vainilla, raspe las semillas y añádalas a la mezcla de leche y crema; deseche la vaina.

Bata las yemas de huevo y el azúcar en un cuenco grande, y agregue poco a poco la preparación de leche sin dejar de batir.

Póngala en un cazo limpio y caliente sin dejar de remover, hasta que se espese lo suficiente para cubrir el reverso de una cuchara de madera.

Vierta en un cuenco limpio y tápelo con film transparente. Deje enfriar completamente.

Ponga la mezcla en una heladera y bata según las instrucciones del fabricante. Si no dispone de heladera, introdúzcala en el congelador, en un recipiente tapado, y remuévala cada 30 minutos para ir eliminando los grumos, que estropearía la textura que buscamos. Continúe con ese proceso hasta conseguir una consistencia cremosa. Reserve en el congelador y utilice como se describe en las recetas.

De frutas

Para 6 polos
Tiempo de preparación: 10 minutos
Tiempo de congelación: 6 horas

Ingredientes

375 g de pepino picado
250 ml de licor de saúco
120 ml de ginebra

Gin Zing

Popular combinación para un cóctel veraniego a base de ginebra y saúco. Añada pepino para intensificar la frescura.

Ponga el pepino y el licor de saúco en la batidora, y mezcle hasta obtener una textura homogénea.

Cuele la preparación y añada al líquido obtenido la mitad de la pulpa que quede en el colador. Incorpore la ginebra, remueva bien y reparta en seis moldes para polos.

Ponga los moldes en el congelador. Deje que cuajen durante 3 horas, sáquelos y remuévalos bien, introduzca los palos y vuelva a congelar hasta que estén sólidos (unas 4 horas más o toda la noche).

Para 6 polos
Tiempo de preparación: 15 minutos
+ 30 minutos para enfriarse
Tiempo de congelación: 6 horas

Ingredientes

50 g de azúcar de lustre
ralladura de 1 lima
75 ml de zumo de lima
(de 3 o 4 limas)
350 ml de zumo de manzana
6 cucharadas de vodka

Toro salvaje

Utilice el vodka que prefiera para este *poptail*.

Ponga el azúcar y la ralladura de lima en un cazo con 120 ml de agua. Caliente a fuego lento y deje que el azúcar se disuelva poco a poco. Cuando se haya disuelto, lleve a ebullición y deje cocer 5 minutos. Retire del fuego y deje enfriar 30 minutos.

Mezcle el almíbar de lima ya frío con los zumos de lima y de manzana y el vodka. Vierta la preparación en seis moldes para polos.

Introduzca los moldes en el congelador. Deje que cuajen 2 horas, ponga los palos y continúe congelando hasta que estén sólidos (unas 4 horas más o toda la noche).

Para 6 raciones de granizado
Tiempo de preparación: 10 minutos
Tiempo de congelación: 6 horas

....

Ingredientes

125 g de azúcar de lustre
ralladura de 1 lima
75 ml de zumo de lima
(de 3 o 4 limas)
300 g de sandía troceada
6 cucharadas de tequila
2 cucharadas de Grand Marnier
2 cucharadas de néctar de ágave

El Jalisquito

Fresco, tropical y repleto de color mexicano. Este granizado resulta delicioso cuando se sirve como sorbete.

Ponga el azúcar y la ralladura de lima en un cazo con 250 ml de agua. Caliente a fuego lento para que el azúcar se disuelva, deje cocer durante 5 minutos, retire del fuego y añada el zumo de lima.

Introduzca la sandía troceada en la batidora, agregue el almíbar de lima, el tequila, el Grand Marnier y el néctar de ágave, y mezcle bien.

Vierta la preparación en un recipiente apto para el congelador y congele durante 6 horas; remueva bien cada 2 horas. Retire del congelador, pase la mezcla por la batidora y sirva en copas. Deje que se descongele un poco (unos 10 minutos) y sirva.

Para 8 raciones
Tiempo de preparación: 1 hora
(incluido el tiempo para enfriarse)
Tiempo de congelación: 6 horas

....

Ingredientes

50 g de azúcar de lustre
2 ciruelas deshuesadas, cortadas
en cuartos
2 cucharadas de ginebra
2 cucharadas de Grand Marnier
250 ml de ginger ale

Terciopelo rojo

Si no encuentra ciruelas frescas, puede preparar la receta con melocotones o nectarinas.

Ponga el azúcar, las ciruelas y 120 ml de agua en un cazo. Lleve a ebullición a fuego lento y deje cocer durante 5-10 minutos, hasta que las ciruelas estén muy blandas. Deje enfriar.

Introduzca las ciruelas y el almíbar ya fríos en la batidora y mezcle bien. Cuele la preparación y añada el resto de los ingredientes. Vierta en ocho moldes para polos.

Ponga los moldes en el congelador. Deje que cuajen durante 2 horas, introduzca los palos y continúe congelando hasta que estén sólidos (unas 4 horas más).

Para 4 raciones
Tiempo de preparación: 10 minutos
Tiempo de congelación: 6 horas

....

Ingredientes

50 g de azúcar de lustre
400 g de piña troceada
4 cucharadas de zumo de lima
4 cucharadas de ron
20 g de hojas de menta

Mojito de piña

Para pelar la piña, corte la base, coloque la piña de pie sobre una tabla y vaya cortando la piel hacia abajo.

Ponga el azúcar y 120 ml de agua en un cazo. Lleve a ebullición a fuego lento y deje que el azúcar se disuelva. Deje cocer durante 5 minutos y retire del fuego.

Introduzca la piña troceada en la batidora y redúzcala a puré. Añada el almíbar, el zumo de lima y el ron, y mezcle bien. Pique unas hojas de menta (si son grandes; si son pequeñas, déjelas enteras). Incorpórelas a la preparación de piña y vierta en cuatro moldes para polos.

Ponga los moldes en el congelador. Deje que cuajen durante 2 horas, introduzca los palos y continúe congelando hasta que estén completamente sólidos (unas 4 horas más).

Para 6 raciones
Tiempo de preparación: 10 minutos
Tiempo de congelación: 6 horas

Ingredientes

125 g de azúcar de lustre
75 g de semillas
de granada (de 1 granada)
250 ml de prosecco
1 cucharada de agua de rosas

Flamingo-go

Para retirar las semillas de la granada, golpee la pieza entera con una cuchara de madera. De ese modo se soltarán de la cáscara y resultará más fácil sacarlas.

Ponga el azúcar y 250 ml de agua en un cazo. Lleve a ebullición a fuego lento, dejando que el azúcar se disuelva. Deje cocer durante 5 minutos y retire del fuego.

Añada las semillas de granada, el prosecco y el agua de rosas. Remueva bien y vierta la mezcla en seis moldes para polos.

Introduzca los moldes en el congelador. Transcurridas 3 horas, remueva con cuidado para distribuir la granada y ponga los palos. Congele 3 horas, hasta que los polos estén sólidos.

Para 2 raciones
Tiempo de preparación: 20 minutos
Tiempo de congelación: 6 horas

Ingredientes

2 manzanas peladas y cortadas
en dados
50 g de azúcar de lustre
2 cucharadas de vermut
3 cucharadas de ginebra

Mojito Appletini

Cuando corte las manzanas, rocíelas con un poco de zumo de limón para que no se oxiden.

Ponga las manzanas en dados y el azúcar en un cazo pequeño con 250 ml de agua. Lleve a ebullición a fuego lento y deje que el azúcar se disuelva. Continúe la cocción a fuego suave durante 15 minutos, hasta que las manzanas estén muy tiernas, y retire del fuego.

Vierta la mezcla en el vaso de la batidora y bata hasta obtener una textura homogénea. Cuele con un colador fino, y añada el vermut y la ginebra. Vierta en dos moldes para polos.

Introduzca los moldes en el congelador. Deje que cuajen durante 2 horas, ponga los palos y vuelva a congelar hasta que los polos estén completamente sólidos (unas 4 horas más).

Para 4 raciones
Tiempo de preparación: 15 minutos
Tiempo de congelación: 6 horas

....

Ingredientes

125 g de azúcar de lustre
ralladura de 1 lima
125 g de pulpa
de fruta de la pasión
(aproximadamente 6 piezas)
75 ml de zumo de lima
2 cucharadas de tequila
1 cucharada de Cointreau

Margarita de fruta de la pasión

Cuando retire las semillas de la fruta de la pasión, asegúrese de no perder nada de su delicioso zumo.

Ponga el azúcar y la ralladura de lima en un cazo pequeño con 250 ml de agua. Lleve a ebullición a fuego lento, hasta que el azúcar se disuelva. De cocer 5 minutos más y retire del fuego.

Añada el resto de ingredientes y vierta en cuatro moldes para polos.

Ponga los moldes en el congelador. Transcurridas 3 horas, remueva un poco el contenido para distribuir las semillas de la fruta de la pasión e introduzca los palos. Vuelva a meter en el congelador y déjelos 3 horas más, hasta que estén sólidos.

Para 6 raciones
Tiempo de preparación: 15 minutos
Tiempo de congelación: 4 horas

Ingredientes

50 g de azúcar de lustre
250 ml de prosecco
500 g de frambuesas
congeladas

Bellini de frambuesas

Una variación del clásico bellini de melocotón. Las frambuesas congeladas contribuirán a que la bebida se congele antes. La mezcla se congela durante 2 horas y se toma con una cucharilla de postre.

Ponga el azúcar y 125 ml de agua en un cazo pequeño. Lleve a ebullición a fuego lento, hasta que el azúcar se disuelva. Deje cocer 5 minutos más y retire del fuego. Añada el almíbar al prosecco y deje enfriar.

Introduzca las frambuesas congeladas en la batidora con la mezcla anterior. Bata hasta obtener una textura homogénea y repártala en seis moldes para polos.

Ponga los moldes en el congelador. Deje que cuajen durante 2 horas, introduzca los palos y deje congelar hasta que estén completamente sólidos (unas 2 horas más).

Para 4 raciones
Tiempo de preparación: 30 minutos
(incluido el tiempo para enfriarse)
Tiempo de congelación: 6 horas

Ingredientes

50 g de azúcar de lustre
2 anises estrellados
250 ml de zumo de naranja
recién exprimido (3 naranjas)
4 cucharadas de Cointreau

Cointreau, zumo de naranja y anís estrellado

Cuanto más tiempo deje el anís estrellado en el almíbar, más fuerte será. Por tanto, si desea un toque extra de anís, prepare el almíbar unas horas antes de utilizarlo.

Ponga el azúcar y el anís estrellado en un cazo pequeño con 125 ml de agua. Lleve a ebullición a fuego lento, hasta que el azúcar se disuelva. Continúe la cocción 5 minutos más, retire del fuego y añada el resto de ingredientes. Deje enfriar por completo.

Retire el anís estrellado y vierta la mezcla en los moldes para polos.

Ponga los moldes en el congelador. Deje que cuajen durante 2 horas, introduzca los palos y continúe congelando hasta que los polos estén completamente sólidos (unas 4 horas más).

Para 6 raciones
Tiempo de preparación: 10 minutos
Tiempo de congelación: 8 horas

Ingredientes

125 g de azúcar de lustre
3 cucharadas de zumo de granada
500 ml de zumo de naranja
6 cucharadas de ron

Caribbean Sunrise

Una variación de Tequila Sunrise en la que el ron aporta un toque caribeño.

Ponga el azúcar y 250 ml de agua en un cazo y lleve a ebullición a fuego lento, hasta que el azúcar se disuelva. Continúe la cocción 5 minutos más y retire del fuego.

Mezcle 2 cucharadas del almíbar con el zumo de granada y reparta entre seis moldes para polos. Introdúzcalos en el congelador durante 2 horas. Incorpore el resto de almíbar con el zumo de naranja y el ron, y deje que se enfríe completamente.

Transcurridas 2 horas, retire los moldes del congelador y vierta la preparación de zumo de naranja sobre la base de granada.

Vuelva a poner los moldes en el congelador. Dos horas después, introduzca los palos y deje que los polos se congelen hasta que estén completamente sólidos (unas 4 horas más).

Para 6 raciones
Tiempo de preparación: 10 minutos
Tiempo de congelación: 6 horas

Ingredientes

125 g de azúcar de lustre
½ cucharadita de extracto de vainilla
6 cucharadas de ron añejo
300 g de melón cantalupo troceado

Daiquiri de melón

Esta receta también queda deliciosa como granizado o sorbete. Si no encuentra melón cantalupo, el Honeydew (de piel amarilla y pulpa blanca) es un buen sustituto.

Ponga el azúcar y 250 ml de agua en un cazo y lleve a ebullición a fuego lento, hasta que el azúcar se disuelva. Continúe la cocción 5 minutos más, retire del fuego y añada el extracto de vainilla y el ron.

Introduzca los dados de melón en la batidora y agregue el almíbar. Mezcle bien y vierta en seis moldes para polos.

Ponga los moldes en el congelador. Deje que los polos cuajen durante 2 horas, introduzca los palos y vuelva a meterlos en el congelador hasta que estén completamente sólidos (unas 4 horas más).

Para 4 raciones
Tiempo de preparación: 20 minutos
Tiempo de congelación:
4 ½ horas

....

Ingredientes

125 g de azúcar de lustre
60 g de arándanos
2 cucharadas de curaçao azul
250 g de mango troceado
2 cucharadas de tequila
100 g de fresas troceadas
2 cucharadas de ron añejo

Arco iris tropical

Se trata de un espectacular polo con tres capas. Asegúrese de que cada una esté completamente congelada antes de añadir la siguiente, ya que quedan estupendos cuando las capas están perfectamente definidas.

Ponga el azúcar y 250 ml de agua en un cazo y lleve a ebullición a fuego lento, hasta que el azúcar se disuelva. Deje cocer 5 minutos y retire del fuego.

Introduzca los arándanos en la batidora y añada el curaçao azul y un tercio del almíbar (unas 5 cucharadas). Mezcle bien y reparta en cuatro moldes para polos; póngalos en el congelador durante 1½ hora.

Mientras tanto, limpie el vaso de la batidora y agregue el mango con el tequila y otro tercio del almíbar. Mezcle hasta obtener una consistencia homogénea.

Cuando la base de arándanos esté completamente sólida, saque los moldes del congelador y vierta encima la preparación de mango. Vuelva a introducir los moldes en el congelador y déjelos 1½ hora más.

Por último, mezcle las fresas, el ron y el resto del almíbar. Vierta la preparación sobre la capa de mango cuando esté completamente sólida.

Congele los polos 1½ hora más, o hasta que estén completamente sólidos.

Para 4 raciones
Tiempo de preparación: 15 minutos
+ 30 minutos de reposo
Tiempo de congelación: 6 horas

....

Ingredientes

½ vaina de vainilla
50 g de azúcar de lustre
350 ml de zumo
de granada
4 cucharadas de vodka

Granada, vainilla y vodka

Esta receta es mejor si se prepara con una vaina de vainilla, ya que quedan motas de las semillas en los polos, pero si no la consigue puede sustituirla por 1 cucharadita de extracto de vainilla (en este caso no es necesario que repose).

Raspe las semillas de la vaina de vainilla y póngalo todo (vaina y semillas) en un cazo con el azúcar y 125 ml de agua. Lleve a ebullición a fuego lento, hasta que el azúcar se disuelva. Deje cocer 5 minutos y retire del fuego. Deje reposar durante 30 minutos.

Retire la vaina de vainilla del almíbar y añada el zumo de granada y el vodka. Vierta en cuatro moldes para polos.

Ponga los moldes en el congelador. Deje que los polos cuajen durante 2 horas, introduzca los palos y vuelva a meterlos en el congelador hasta que estén completamente sólidos (unas 4 horas más).

Para 4 raciones
Tiempo de preparación: 10 minutos
Tiempo de congelación: 6 horas

....

Ingredientes

50 g de azúcar de lustre
250 ml de zumo de naranja
4 cucharadas de Campari
4 cucharadas de prosecco

El milanés

Si no quiere abrir una botella de prosecco para utilizar solamente 4 cucharadas, puede sustituirlo por un buen vino blanco afrutado.

Ponga el azúcar y 125 ml de agua en un cazo y lleve a ebullición a fuego lento, hasta que el azúcar se disuelva. Deje cocer 5 minutos más y retire del fuego.

Añada el resto de ingredientes al almíbar y vierta en cuatro moldes para polos.

Ponga los moldes en el congelador. Deje que los polos cuajen durante 2 horas, introduzca los palos y vuelva a meterlos en el congelador hasta que estén completamente sólidos (unas 4 horas más).

Para 4 raciones
Tiempo de preparación: 15 minutos
Tiempo de congelación: 6 horas

....

Ingredientes

50 g de azúcar de lustre
200 g de tomates troceados
150 g de pepino picado
4 cucharadas de vodka

Gazpacho

Se trata de una receta sabrosa, ideal para servir antes de una comida a modo de aperitivo.

Ponga el azúcar y 125 ml de agua en un cazo y lleve a ebullición a fuego lento, hasta que el azúcar se disuelva. Deje cocer 5 minutos más y retire del fuego.

Introduzca los tomates, el pepino y el vodka en la batidora y mezcle hasta obtener una textura homogénea. Añada el almíbar y remueva bien. Vierta en cuatro moldes para polos.

Ponga los moldes en el congelador. Deje que cuajen durante 2 horas, introduzca los palos y vuelva a meterlos en el congelador hasta que estén completamente sólidos (unas 4 horas más).

Para 4 raciones
Tiempo de preparación: 1 hora
(incluido el tiempo para enfriarse)
Tiempo de congelación: 6 horas

....

Ingredientes

150 g de manzana troceada
1 ramita de canela
Una pizca de canela molida
50 g de azúcar de lustre
250 ml de sidra

Huerto de otoño

Asegúrese de mezclar bien las manzanas y la sida. Para conseguir una textura más delicada, puede colar la preparación.

Ponga la manzana troceada, la ramita de canela y la canela molida en un cazo. Vierta por encima el azúcar y 250 ml de agua. Lleve a ebullición a fuego lento y deje cocer durante 15 minutos. Retire del fuego y deje enfriar completamente.

Cuando se haya enfriado, retire la ramita de canela y ponga la preparación en la batidora con la sidra. Mezcle hasta obtener una textura completamente homogénea y vierta en cuatro moldes para polos.

Ponga los moldes en el congelador. Deje que cuajen durante 2 horas, introduzca los palos y vuelva a meterlos en el congelador hasta que estén completamente sólidos (unas 4 horas más).

Para 4 raciones
Tiempo de preparación: 15 minutos
Tiempo de congelación: 6 horas

....

Ingredientes

50 g de azúcar de lustre
200 g de fresas
cortadas en cuartos
2 cucharadas de vodka
2 cucharadas de Cointreau
125 ml de agua con gas

Cosmopolitan de fresas

Las fresas se machacan en lugar de mezclarlas con la batidora; de ese modo, el polo tiene una textura muy particular... Delicioso.

Ponga el azúcar y 125 ml de agua en un cazo pequeño. Deje que el azúcar se disuelva a fuego lento y lleve a ebullición. Retire del fuego.

Añada las fresas al cazo. Aplástelas con el almíbar utilizando un tenedor o un mortero, pero sin deshacerlas del todo. Incorpore el resto de ingredientes al almíbar y reparta la preparación entre cuatro moldes para polos.

Ponga los moldes en el congelador. Deje que los polos cuajen durante 2 horas, introduzca los palos y vuelva a meterlos en el congelador hasta que estén completamente sólidos (unas 4 horas más).

Para 4 raciones
Tiempo de preparación: 1 hora
(incluido el tiempo para enfriarse)
Tiempo de congelación: 6 horas

....

Ingredientes

125 ml de limoncello
50 g de azúcar de lustre
3 ramitas de albahaca
300 g de tomates picados

The Italian Job

Es preciso que se asegure de que todos los ingredientes estén muy bien mezclados antes de congelar. Remueva bien los moldes una o dos veces durante el tiempo de congelación; de lo contrario, el limoncello tenderá a subir a la superficie.

Ponga el limoncello, el azúcar y las ramitas de albahaca en un cazo pequeño con 125 ml de agua y lleve a ebullición a fuego lento. Deje cocer 5 minutos, retire del fuego y deje enfriar completamente.

Introduzca los tomates en la batidora y redúzcalos a un puré muy fino. Añada el almíbar ya frío y mezcle bien. Vierta en cuatro moldes para polos.

Ponga los moldes en el congelador durante 2 horas, sáquelos y remuévalos. Introduzca los palos y vuelva a meterlos en el congelador hasta que estén completamente sólidos (unas 4 horas más).

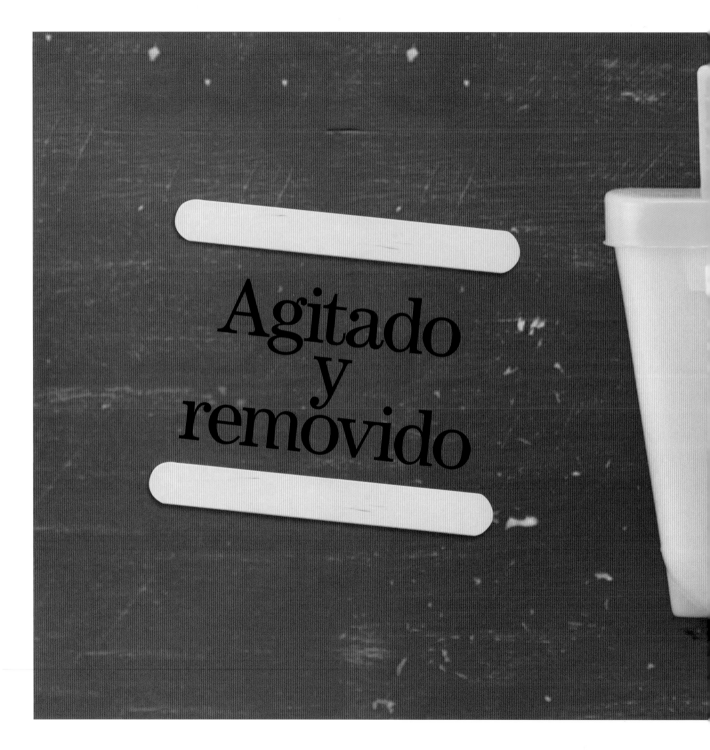

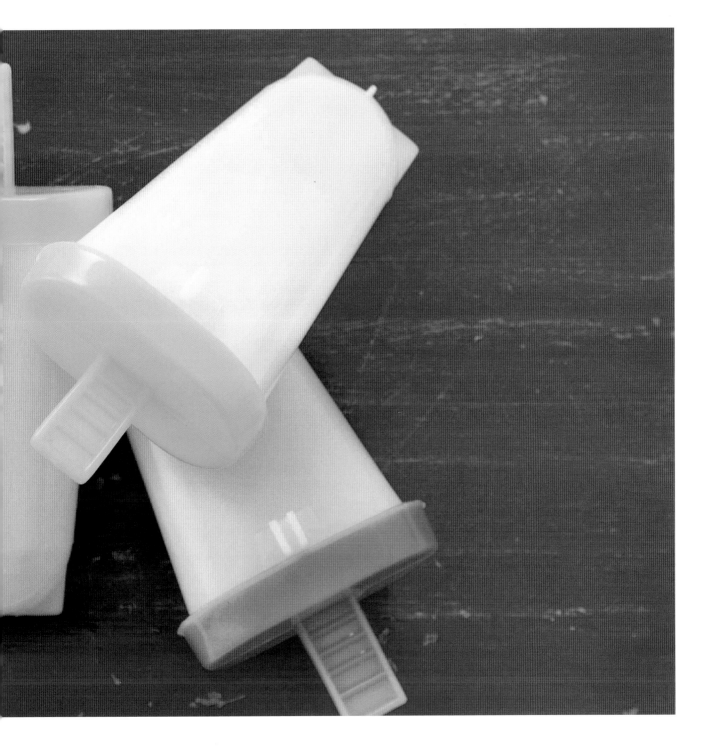

Para 2 raciones
Tiempo de preparación: 10 minutos
Tiempo de congelación: 6 horas

Ingredientes

3 cucharadas de azúcar de lustre
125 ml de *espresso*
fuerte, frío
2 cucharadas de ginebra

Espreso Martini

Esta receta queda mejor cuando se sirve como granizado, en tazas de café, como capricho tras la cena.

Ponga el azúcar y 4 cucharadas de agua en un cazo pequeño. Deje que el azúcar se disuelva a fuego lento y lleve a ebullición. Retire del fuego y vierta en una coctelera.

Cuele el *espresso* frío. Añada la ginebra y el café a la coctelera y agite bien. Vierta en dos moldes para polos.

Ponga los moldes en el congelador. Deje que cuajen 2 horas, introduzca los palos y vuelva a meterlos en el congelador hasta que estén completamente sólidos (unas 4 horas más).

Para 6 raciones
Tiempo de preparación: 5 minutos
Tiempo de congelación: 6 horas

Ingredientes

2 cucharadas de miel
4 cucharadas de whisky
500 ml de cerveza
de jengibre

Bees Knees

Es una receta muy sencilla de preparar. Conviene remover la mezcla con frecuencia durante la fase de congelación para romper los cristales de hielo.

Ponga la miel y el whisky en un cuenco y mezcle bien con unas varillas pequeñas. Añada gradualmente la cerveza de jengibre y remueva bien todos los ingredientes.

Vierta la preparación en seis moldes para polos y póngalos en el congelador. Transcurridas 2 horas, remueva bien el contenido. Congele 2 horas más, remueva e introduzca los palos. Vuelva a congelar durante 2 horas más, hasta que los polos estén completamente sólidos.

Para 4 raciones
Tiempo de preparación: 10 minutos
Tiempo de congelación: 8-10 horas

Ingredientes

125 ml de zumo de limón
125 g de azúcar de lustre
4 cucharadas de tequila
125 ml de agua con gas
1 cucharada de crema de
grosellas negras

Tequila Sunrise

Cuando vierta la preparación de grosellas en los moldes, flotará sobre la superficie y se mezclará ligeramente con la base de tequila. Por tanto, es necesario que el tequila esté casi completamente congelado, con textura de granizado.

Ponga el zumo de limón y el azúcar en un cazo con 125 ml de agua y lleve a ebullición a fuego lento. Deje que el azúcar se disuelva y prosiga la cocción durante 5 minutos más. Retire del fuego.

Añada el tequila y el agua con gas y mezcle bien. Reserve 6 cucharadas de la preparación. Reparta el resto entre cuatro moldes para polos e introdúzcalos en el congelador durante 4 horas.

Mezcle la preparación reservada con la crema de grosellas. Cuando hayan transcurrido 4 horas, retire los polos del congelador y añada la mezcla de grosellas. Introduzca los palos y congele durante 4-6 horas más, hasta que los polos estén completamente sólidos.

Para 4 raciones
Tiempo de preparación: 20 minutos
+ 1 hora para enfriarse
Tiempo de congelación: 6-8 horas

Ingredientes

50 g de azúcar de lustre
125 ml de agua
500 ml de vino tinto
1 ramita de canela
3 clavos
3 granos de pimienta de Jamaica
1 tira de cáscara de naranja

Sorbete de ponche

Un polo para el invierno. Dé a elegir a sus invitados sirviéndolos con el Ponche de huevo de la página 54.

Ponga todos los ingredientes en un cazo y lleve a ebullición a fuego lento. Deje que el azúcar se disuelva y continúe la cocción durante 15 minutos. Retire del fuego y deje enfriar por completo (aproximadamente 1 hora).

Vierta la mezcla ya fría en una fuente rectangular, tápela y congélela durante 6-8 horas, removiendo con un tenedor cada 2 horas. Remueva el sorbete una última vez antes de servirlo.

Para 6 raciones
Tiempo de preparación: 10 minutos
Tiempo de congelación: 6 horas

Ingredientes

50 g azúcar de lustre
4 cucharadas de zumo de lima
1 lata de 330 ml de cerveza mexicana
125 ml de limonada
unas gotas de tabasco (opcional)

Clara mexicana

Si desea impresionar a sus invitados, adorne la base de los polos con una pizca de sal, como los vasos para margarita. Puede hacerlo cuando los haya retirado de los moldes.

Ponga el azúcar, el zumo de lima y 4 cucharadas de agua en un cazo pequeño, y lleve a ebullición a fuego lento. Deje que el azúcar se disuelva y continúe la cocción 5 minutos. Retire del fuego.

Añada la cerveza, la limonada y el tabasco (si lo utiliza), y remueva para que se mezcle bien. Vierta en seis moldes para polos.

Ponga los moldes en el congelador. Deje que los polos cuajen durante 2 horas, introduzca los palos y continúe con la congelación hasta que estén completamente sólidos (unas 4 horas más).

Para 4 raciones
Tiempo de preparación: 15 minutos
+ 30 minutos para enfriarse
Tiempo de congelación: 6 horas

....

Ingredientes

125 g de azúcar de lustre
ralladura de 1 lima
75 ml de zumo de lima
125 ml de cerveza
de jengibre
4 cucharadas de ron

Dark and Stormy

Si utiliza un rallador especial para cítricos, obtendrá hilos de cáscara de lima que se ablandarán en el almíbar y aportarán un sabor delicioso.

Ponga el azúcar y la ralladura de lima en un cazo con 250 ml de agua. Lleve a ebullición a fuego lento, hasta que el azúcar se disuelva. Continúe con la cocción durante 5 minutos, retire del fuego y añada el resto de los ingredientes. Deje enfriar completamente.

Vierta la mezcla en cuatro moldes para polos y póngalos en el congelador. Transcurridas 2 horas, retire del congelador y remueva para distribuir la ralladura de lima. Introduzca los palos para polos y vuelva a congelar hasta que estén completamente sólidos (unas 4 horas más).

Para 4 raciones
Tiempo de preparación: 15 minutos
+ 30 minutos de reposo
Tiempo de congelación: 6 horas

....

Ingredientes

125 g de jengibre fresco rallado
125 g de azúcar de lustre
6 cucharadas de whisky
2 cucharadas de agua de azahar
250 ml de agua con gas
ralladura de ½ naranja

Highland Fling

Si no consigue el agua de azahar, sustitúyalo por un poco de zumo de naranja.

Ponga el jengibre y el azúcar en un cazo pequeño y cúbralos con 250 ml de agua. Caliente a fuego lento hasta que el azúcar se disuelva. Lleve a ebullición y deje cocer durante 5 minutos. Retire del fuego y deje reposar 30 minutos.

Mezcle el almíbar de jengibre con el whisky, el agua de azahar, el agua con gas y la ralladura de naranja. Reparta en cuatro moldes para polos.

Ponga los moldes en el congelador. Transcurridas 3 horas, retire del congelador y remueva para distribuir la ralladura de naranja. Introduzca los palos y congele hasta que los polos estén completamente sólidos (unas 3 horas).

Para 6 raciones
Tiempo de preparación: 30 minutos
(incluido el tiempo para enfriarse)
Tiempo de congelación: 6 horas

Ingredientes

50 g de azúcar de lustre
4 cucharadas de Pimm's
250 ml de cerveza de jengibre
(o limonada)
150 g de fresas cortadas
en láminas
50 g de manzana cortada
en láminas
18 hojas de menta pequeñas

English Summer Cup

Esta receta incluye abundante fruta, lo que hace que sea perfecta para una barbacoa al aire libre en verano.

Ponga el azúcar y 125 ml de agua en un cazo. Lleve a ebullición a fuego lento y deje que el azúcar se disuelva. Deje cocer durante 5 minutos y retire del fuego.

Añada el Pimm's y la cerveza de jengibre o la limonada. Deje que se enfríe por completo.

Reparta las fresas, la manzana y las hojas de menta en seis moldes para polos. Vierta encima la mezcla de Pimm's e introduzca los palos.

Ponga los moldes en el congelador durante 6 horas, hasta que estén completamente sólidos.

Para 4 raciones
Tiempo de preparación: 10 minutos
+ 30 minutos de reposo
Tiempo de congelación: 6 horas

Ingredientes

1 tallo de limoncillo troceado
(hierba limonera)
3 ramitas de menta
125 g de azúcar de lustre
4 cucharadas de vodka
125 ml de limonada
2 cucharadas de menta picada

Menta, limoncillo y vodka

Transcurridos 30 minutos, el almíbar tendrá un sabor sutil muy agradable, pero si lo prefiere más fuerte, deje el limoncillo y el vodka en reposo durante más tiempo.

Ponga el limoncillo, las ramitas de menta y el azúcar en un cazo con 250 ml de agua. Lleve a ebullición a fuego muy lento y deje que el azúcar se disuelva. Continúe la cocción durante 5 minutos más. Retire del fuego y deje reposar 30 minutos.

Cuele el almíbar en un cuenco y mézclelo con el resto de ingredientes. Vierta en cuatro moldes para polos.

Ponga los moldes en el congelador. Transcurridas 2 horas, retire del congelador y remueva para distribuir las hojas de menta. Introduzca los palos y vuelva a meter los polos en el congelador hasta que estén completamente sólidos (unas 4 horas más).

Para 6 raciones
Tiempo de preparación: 10 minutos
+ 30 minutos de reposo
Tiempo de congelación: 6 horas

....

Ingredientes

125 g de azúcar de lustre
4 ramitas de menta
225 g de arándanos
6 cucharadas de bourbon

Julepe de arándanos

Utilice las ramitas de menta enteras para obtener un buen toque de sabor.

Ponga el azúcar y la menta en un cazo con 250 ml de agua y lleve a ebullición a fuego lento. Deje que se disuelva el azúcar, continúe con la cocción durante 5 minutos más y retire del fuego. Deje reposar 30 minutos.

Introduzca los arándanos y el bourbon en la batidora, y añada el almíbar (con las ramitas de menta). Mezcle hasta obtener una textura uniforme y reparta en seis moldes para polos.

Ponga los moldes en el congelador. Deje que los polos cuajen 2 horas, introduzca los palos y congele hasta que estén completamente sólidos (unas 4 horas más).

Helado y yogur

Para 6 raciones
Tiempo de preparación: 25 minutos
(incluido el tiempo para ablandar
el helado)
Tiempo de congelación: 2 horas

....

Ingredientes

500 ml de helado de coco
y lima (*véase* derecha)
40 g de pacanas picadas
6 cucharadas de ron
40 g de coco rallado

Coconut Crunch

Este polo de helado combina sabores veraniegos deliciosos y frescos; personalmente, me recuerda a un día de playa.

Para la base de helado de coco y lima, siga la receta del helado de vainilla de la página 8, pero sustituya la vaina de vainilla por la ralladura de 2 limas, y la crema por 250 ml de leche de coco.

Saque el helado del congelador y deje que se ablande durante 20 minutos.

Ponga el helado en un cuenco grande y añada las pacanas y el ron; mezcle bien. Reparta en seis moldes para polos, introduzca los palos y congele hasta que estén completamente sólidos (unas 2 horas).

Mientras tanto, caliente una sartén pequeña a fuego medio y añada el coco rallado. Saltéelo durante 2-3 minutos, hasta que esté ligeramente dorado.

Para servir, retire los polos de los moldes y páselos por el coco. Sirva de inmediato.

Para 6 raciones
Tiempo de preparación: 25 minutos
(incluido el tiempo para ablandar
el helado)
Tiempo de congelación: 2 horas

....

Ingredientes

500 ml de helado de
vainilla (*véase* pág. 8)
4 cucharadas de jerez

Don Pedro

Puede mezclar el jerez con la base de helado después de batirlo y antes de congelar.

Saque el helado del congelador y deje que se ablande durante 20 minutos.

Póngalo en un cuenco grande y añada el jerez en forma de chorrito fino. Vierta la mezcla en seis moldes para polos, introduzca los palos y congele hasta que estén completamente sólidos (unas 2 horas).

Para 6 raciones
Tiempo de preparación: 30 minutos
(incluido el tiempo para
ablandar el helado)
Tiempo de congelación: 2 horas

Ingredientes

125 g de moras
6 cucharadas de amaretto
500 ml de helado
de vainilla (*véase* pág. 8),
o helado comercial
10 almendrados (opcional)

Moras, vainilla y amaretto

Si utiliza helado casero, puede añadir las moras después de la fase de batido y preparar los polos el mismo día que quiera servirlos.

Ponga las moras en un cuenco y añada el amaretto. Aplástelas con un tenedor contra las paredes del cuenco, sin llegar a deshacerlas del todo. Deje reposar 20 minutos.

Mientras tanto, retire el helado del congelador para que se ablande un poco.

Transcurridos 20 minutos, mezcle las moras con el helado y reparta entre seis moldes para polos. Introduzca los palos y congele hasta que estén completamente sólidos (unas 2 horas).

Si utiliza almendrados, píquelos en la batidora de manera que queden trozos no muy pequeños. Retire los polos de los moldes y páselos por los almendrados desmenuzados. Sirva de inmediato.

Para 6 raciones
Tiempo de preparación: 30 minutos
(incluido el tiempo para que se
ablande el helado)
Tiempo de congelación: 2 horas

Ingredientes

500 ml de helado de
vainilla (*véase* pág. 8)
125 ml de esencia de café
125 ml de whisky

Café irlandés

Puede verter la primera capa en los moldes después de
batir el helado. Para terminar, mezcle 350 ml más
de helado con la esencia de café y el whisky, y rellene
los moldes.

Saque el helado del congelador y deje que se ablande durante 10 minutos.
Reparta 125 ml entre seis moldes para polos, de manera que quede bien
compacto. Introduzca los moldes en el congelador mientras prepara la capa
de café.

Deje que el resto del helado se ablande durante 10 minutos más, póngalo
en un cuenco y añada la esencia de café y el whisky.

Retire los moldes del congelador y añada el helado con la esencia
y el whisky sobre la capa anterior. Introduzca los palos y congele hasta
que estén completamente sólidos (unas 2 horas).

Para 8 raciones
Tiempo de preparación: 15 minutos
+ 30 minutos de reposo
+ 1 hora para enfriarse
+ 20 minutos de batido
Tiempo de congelación: 4 horas

Ingredientes

250 ml de leche
250 ml de crema de leche espesa
1 cucharadita de nuez
moscada rallada
5 yemas de huevo
50 g de azúcar de lustre
125 ml de bourbon

Ponche de huevo

Ésta es una receta clásica de ponche de huevo, batido
y congelado. Los polos quedan deliciosos, para una
ocasión especial.

Siga el método para preparar el helado de vainilla de la página 8, pero
utilice nuez moscada en lugar de vainilla.

Cuando haya batido el helado, añada el bourbon, mezcle bien y reparta
entre ocho moldes para polos. Introduzca los palos y congele
hasta que estén sólidos (unas 4 horas).

Para 8 raciones
Tiempo de preparación: 1 hora
(incluido el tiempo para enfriarse)
Tiempo de congelación: 2 horas

....

Ingredientes

175 g de nectarinas
troceadas
50 g de azúcar de lustre
8 cucharadas de hojas de albahaca
500 ml de helado de
vainilla (*véase* pág. 8)
125 ml de vodka

Helado de nectarina y albahaca

Todos los sabores intensos del verano fusionados en una sola receta.

Ponga las nectarinas, el azúcar y la mitad de las hojas de albahaca en un cazo con 2 cucharadas de agua. Lleve a ebullición a fuego lento y continúe la cocción hasta que las nectarinas estén muy tiernas (unos 15 minutos). Retire del fuego y mezcle en la batidora hasta obtener una consistencia homogénea. Deje enfriar completamente.

Saque el helado del congelador y deje que se ablande unos 20 minutos. Póngalo en un cuenco grande.

Trocee el resto de las hojas de albahaca. En un cuenco pequeño, mezcle el puré de nectarina, las hojas de albahaca picadas y el vodka, y añada todo al helado.

Reparta entre ocho moldes para polos. Introduzca los palos y congele hasta que estén completamente sólidos (unas 2 horas).

Para 8 raciones
Tiempo de preparación: 20 minutos
+ 1 hora para enfriarse
+ unos 20 minutos de batido
Tiempo de congelación: 4 horas

....

Ingredientes

500 ml de leche
250 ml de crema de leche espesa
1 guindilla picada
250 g de chocolate troceado
125 ml de ron
2 yemas de huevo
50 g de azúcar de lustre

El Diablo

Si la idea de la guindilla en un helado le asusta, puede prescindir de ella y preparar un polo de chocolate al ron.

Vierta la leche, la crema y la guindilla en un cazo pequeño. Lleve a ebullición, retire del fuego y deje reposar 5 minutos.

Ponga el chocolate en un cuenco refractario, añada la mezcla anterior y remueva hasta que el chocolate se haya fundido. Incorpore el ron.

Bata las yemas de huevo y el azúcar en un cuenco y agregue gradualmente la preparación de chocolate. Continúe batiendo hasta ligar bien todos los ingredientes. Tape el cuenco con film transparente y deje enfriar completamente.

Ponga la mezcla en una heladera y bátala siguiendo las instrucciones del fabricante.

Reparta el helado entre ocho moldes para polos. Introduzca los palos y congele hasta que los polos estén completamente sólidos (unas 4 horas).

Para 6 raciones
Tiempo de preparación: 5 minutos
Tiempo de congelación: 3 horas

Ingredientes

4 cucharadas de vodka
2 cucharadas de Kahlúa
1 cucharada de miel
600 g de yogur natural

White Russian

Este *poptail* es muy sencillo; la calidad de los ingredientes será la que marque la diferencia.

Mezcle todos los ingredientes en un cuenco grande y reparta entre seis moldes para polos.

Ponga los moldes en el congelador. Transcurrida 1 hora, introduzca los palos y congele hasta que los polos estén completamente sólidos (unas 2 horas más).

Para 4 raciones
Tiempo de preparación: 5 minutos
Tiempo de congelación: 3 horas

Ingredientes

350 g de yogur natural
75 g de jengibre en
conserva picado
4 cucharadas de almíbar de jengibre
4 cucharadas de bourbon

Jengibre en conserva

Remueva un poco el yogur cuando haya transcurrido una hora, así se mezclará mejor con el jengibre y se romperán los cristales de hielo que se hayan formado.

Mezcle todos los ingredientes en un cuenco y reparta entre cuatro moldes para polos.

Ponga los moldes en el congelador. Transcurrida 1 hora, retírelos y remueva ligeramente el contenido. Introduzca los palos y congele hasta que los polos estén completamente sólidos (unas 2 horas).

Para 6 raciones
Tiempo de preparación: 20 minutos
Tiempo de congelación: 3 horas

Ingredientes

1 bolsita de té verde
125 ml de agua hirviendo
4 vainas de cardamomo
50 g de azúcar de lustre
6 cucharadas de whisky
500 g de yogur natural

Cardamomo

Si desea que tenga más sabor a té, deje la bolsita en infusión durante más tiempo.

Ponga la bolsita de té en una jarra y vierta encima el agua. Deje en infusión 10 minutos. Deseche la bolsita.

Aplaste ligeramente las semillas de cardamomo con un mortero, y póngalas en un cazo con el azúcar. Vierta encima el té verde, deje que el azúcar se disuelva y lleve a ebullición. Continúe la cocción durante 10 minutos, hasta que obtenga un almíbar espeso.

Mezcle el almíbar con el whisky. Ponga el yogur en un cuenco y añada la preparación anterior. Reparta entre seis moldes para polos.

Ponga los moldes en el congelador. Cuando haya transcurrido 1 hora, introduzca los palos y vuelva a meter los polos en el congelador hasta que estén completamente sólidos (unas 2 horas más).

Para 4 raciones
Tiempo de preparación: 25 minutos
(incluido el remojo)
Tiempo de congelación: 3 horas

Ingredientes

40 g de uvas pasas
4 cucharadas de ron
2 cucharadas de néctar de ágave
1 cucharadita de canela molida
350 g de yogur natural

Ron y pasas

Remueva el yogur al cabo de 1 hora. De ese modo distribuirá las pasas y romperá los cristales de hielo que se hayan formado.

Ponga las pasas en un cuenco y vierta encima el ron. Deje en reposo durante 20 minutos.

En otro cuenco, mezcle el néctar de ágave y la canela; después añada el yogur.

Incorpore las pasas y el ron a la mezcla de yogur y reparta entre cuatro moldes para polos. Póngalos en el congelador.

Transcurrida 1 hora, remueva un poco cada polo. Introduzca los palos y vuelva a meterlos en el congelador hasta que estén completamente sólidos (unas 2 horas).

Índice